우리, 옆에 있어요

초판 1쇄 발행 2019년 5월 13일 | 초판 3쇄 발행 2022년 10월 25일 | 지은이 한국장애인식개선교육센터·소소한소통 | 펴낸이 백정연 | 펴낸곳 소소한소통
출판등록 2018년 8월 1일 제2019-000093호 | 주소 서울특별시 영등포구 문래북로 116, 트리플렉스 1504호 | 전화 02-2676-3974 | 팩스 02-2636-3975
이메일 soso@sosocomm.com | 홈페이지 www.sosocomm.com | ISBN 979-11-965209-4-6 77330

· 이 책은 저작권법에 따라 보호받는 저작물이므로 무단 전재와 무단 복제를 금합니다.
· 잘못된 책은 구입처에서 바꾸어 드립니다.

우리, 옆에 있어요

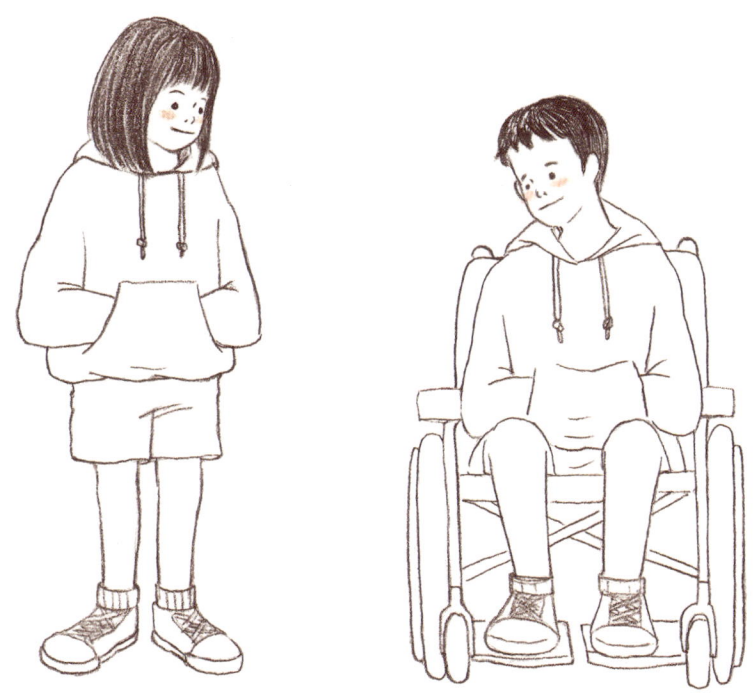

소소한소통

아빠가 우리 아빠라서 좋아요

아빠는 멋진 군인이었습니다.
병사들을 가르치는 교관이었죠.
탱크나 기관총도 능숙하게 다룰 줄 알고요.

"아빠! 저 탱크 운전하는 거 보여 주시면 안 돼요?
총 쏘는 것도 구경하고 싶어요."
"민우야, 탱크나 총 같은 건 정말로 위험한 무기야.
군인들은 나라를 지키기 위해 배워 두는 거란다.
대신 주말에 아빠랑 전쟁기념관에 전시된 무기들을 보러 갈까?"

국민들을 위해 나라를 지키는 든든한 군인이 바로 우리 아빠라서
나는 늘 자랑스러웠습니다.

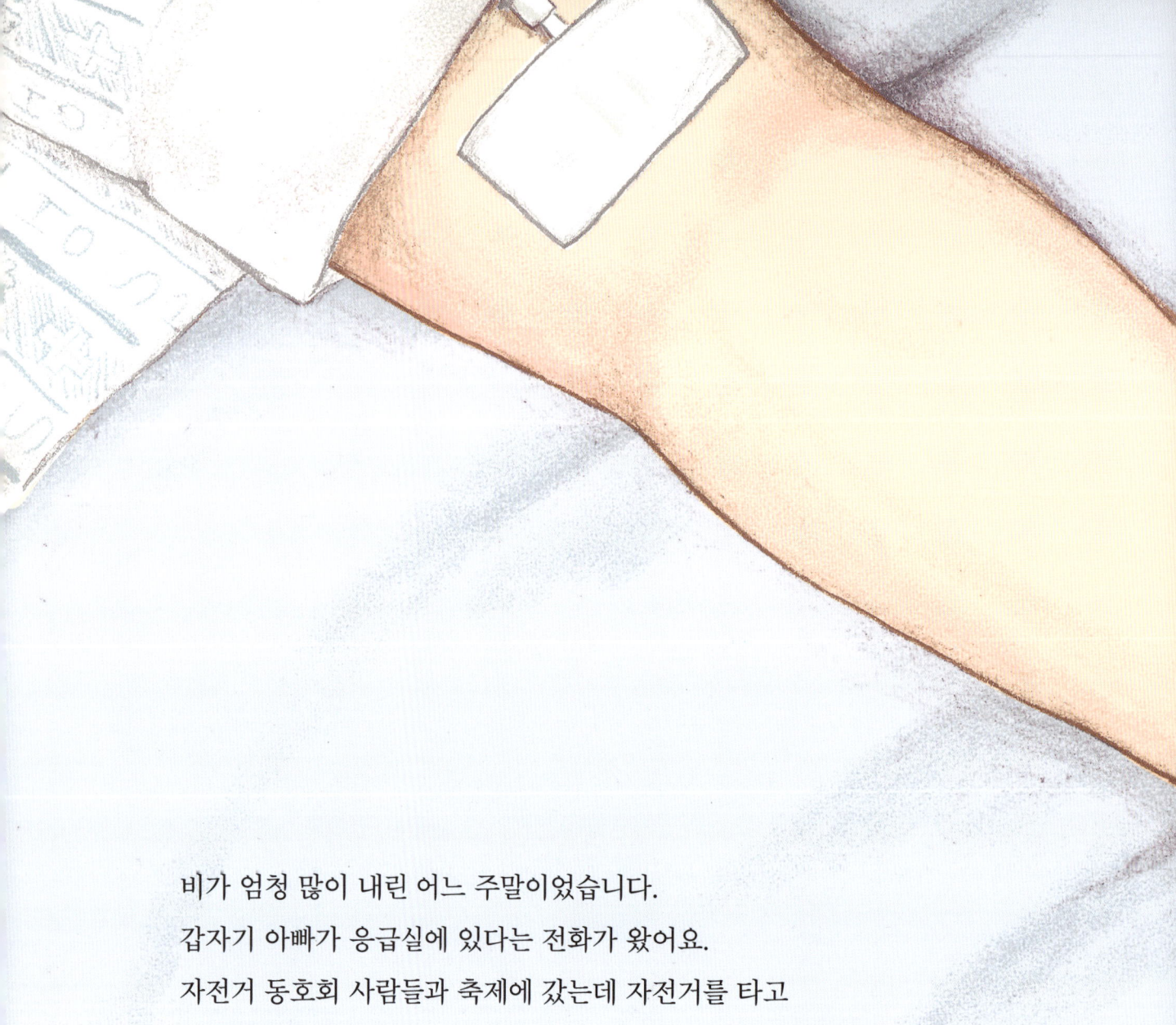

비가 엄청 많이 내린 어느 주말이었습니다.
갑자기 아빠가 응급실에 있다는 전화가 왔어요.
자전거 동호회 사람들과 축제에 갔는데 자전거를 타고
내리막길을 내려오다가 미끄러지면서 아빠가 크게 다치셨대요.

나는 한참 후에나 아빠를 만날 수 있었습니다.
"너무너무 보고 싶었어요, 아빠!"
아빠는 침대에 누운 채 아무 말 없이 눈물을 흘리셨습니다.
나는 아빠의 손을 꼭 잡아 주었어요.

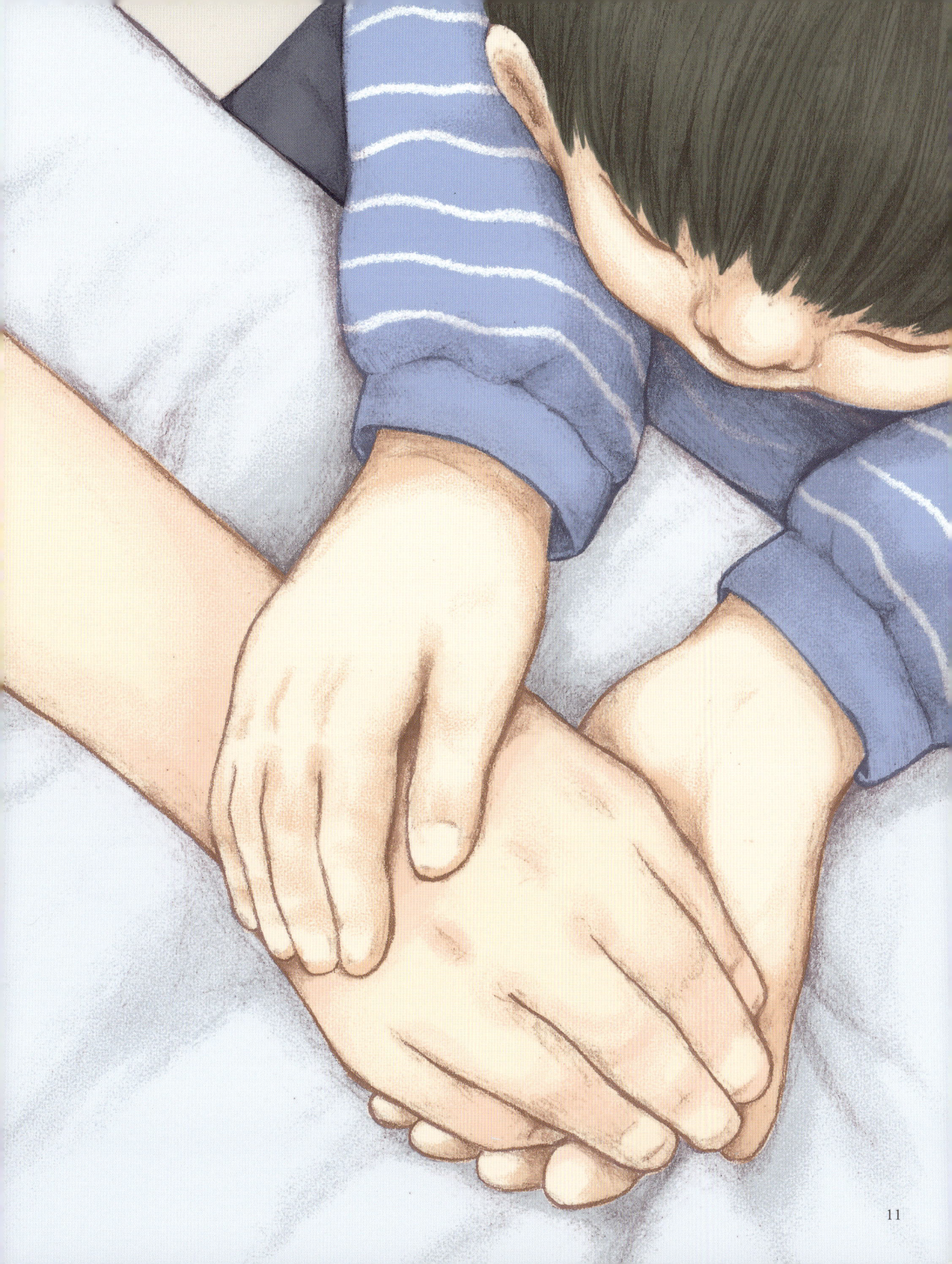

아빠가 퇴원하고 처음 집에 돌아온 날,
나와 동생들은 너무 반가워서 아빠에게 달려가 안겼습니다.
하지만 아빠는 조금 슬퍼 보였어요.

"민우야, 아빠한테 물 좀 갖다드릴래?"
나는 심부름할 일이 많아졌습니다.
이제 걸을 수도, 팔을 움직일 수도 없는 아빠에게
힘이 되고 싶었어요.
그런데 아빠는 나에게 자꾸 미안하대요.
기운 없는 아빠를 볼 때마다
예전의 늠름한 아빠 모습이 보고 싶었습니다.

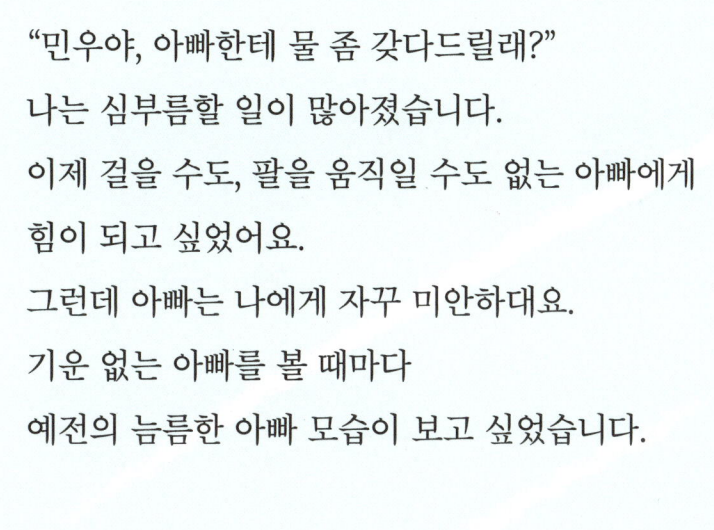

하루는 함께 텔레비전을 보던 아빠가
갑자기 방에 들어가려고 했어요.
뉴스에 군인들이 훈련받는 장면이 나오고 있었죠.
"아빠, 아빠!"
"응?"
"나는 있잖아요, 군인 아빠도 멋있었지만,
그냥 아빠가 우리 아빠라서 좋아요.
그리고 제일 좋은 건요, 이렇게 아빠 얼굴을 자주 보는 거예요!"
아빠가 정말 오랜만에 활짝 웃었습니다.

 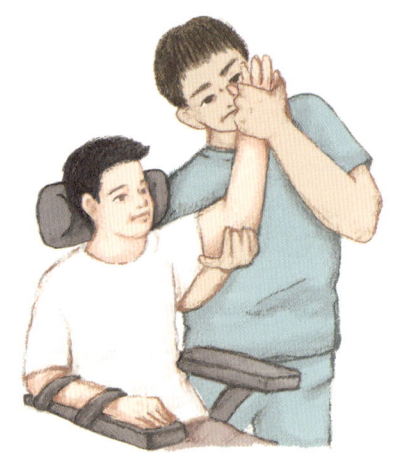

그날 이후 아빠는 굉장히 바빠졌습니다.
공부도 하고, 운동도 배우기 시작했어요.
나는 심부름할 일이 많아졌지만, 하나도 귀찮지 않았어요.
아빠의 기운찬 모습이 그저 좋았습니다.

"아빠, 오늘도 강의 가세요?"
아빠가 넥타이를 매고 정장을 차려입었습니다.
아빠는 '장애인식개선 교육강사'라는 새로운 일을 시작하셨어요.
장애인에 대해서 사람들이 가진 잘못된 생각들을
올바로 바꿀 수 있도록 가르치는 일이래요.
잘은 몰라도 나라를 지키는 일만큼 중요한 일이라는 건
알 것 같습니다.

텔레비전 앞에 온 가족이 모여 앉았습니다.
아빠가 나오는 날이거든요.
많은 사람들 앞에서 이야기하는 아빠는 너무 멋있었어요.

"다치기 전에 저는 두 가지 꿈이 있었습니다.
존경받는 군인, 그리고 행복한 가정의 가장이 되는 것이었죠.
이제 군인은 될 수 없지만, 다른 한 가지는 분명히 이뤘습니다.
'아빠가 그냥 우리 아빠라서 좋다'는 우리 아이들이 바로 제 행복이죠."
사람들은 모두 박수를 보냈습니다.
아빠와 나의 눈이 마주쳤어요.
"아빠, 세상에서 아빠가 제일 멋있어요!"
"민우야, 나는 널 세상에서 제일 사랑한다."

우린 언제나 친구야

태표와 나는 밖에 나가 노는 걸 무척 좋아합니다.
멀리 여행을 떠날 때는 더욱 신이 나지요.

봄에는 예쁜 꽃이 가득한 공원으로,
여름에는 철썩철썩 파도소리가 들리는 바다로 갑니다.
가을엔 산이 좋아요.
노랗고 빨갛게 변한 나무들과 시원한 바람이 반겨 주니까요.
추운 겨울도 상관없습니다.
눈싸움도 할 수 있고 썰매도 탈 수 있으니까요.
하지만 가장 좋은 건,
어딜 가든 나와 함께해 주는 친구, 태표가 있다는 거예요.

작년 여름방학은 처음으로 태표와 따로 보냈어요.
내가 시골 할머니 댁에 가 있었거든요.
태표는 다른 친구들과 매일 물놀이를 하러 간다며
전화로 자랑하곤 했어요.
"지수야, 너도 같이 왔으면 좋았을 텐데.
수영도 실컷 하고,
그물로 물고기도 세 마리나 잡았어!
다음에 같이 오자!"
나 없이도 신나 보여서 샘이 났지만,
다음에 같이 가잔 얘기에 기분이 풀렸습니다.

할머니 댁에서 돌아오자마자
나는 제일 먼저 태표네 집으로 뛰어갔어요.
할머니 댁 마당에서 모은 네잎클로버를 얼른 보여 주고 싶었거든요.
딩동, 딩동!
"태표야! 태표야, 나 왔어!"
계속 불렀는데도 아무 답이 없어서 돌아서는데,
옆집 아주머니가 나오셨어요.
"지수구나. 태표는 지금 병원에 있대.
며칠 전에 어디 갔다 오면서 교통사고가 크게 났나 봐.
에구, 어쩌니……."

한동안 나는 태표를 볼 수 없었습니다.
태표가 있는 병원에 갈 수도 없었어요.
내가 가면 태표가 더 힘들 거라고 엄마가 날 말렸거든요.
"지수야, 태표가 너무 크게 다쳐서 이제 못 걸을지도 모른대."
"그럴 리 없어! 태표랑 물놀이하러 가기로 했단 말이야! 엉엉."

난 엄마의 말을 믿고 싶지 않았습니다.
너무 슬펐거든요.
나는 태표를 보러 가자고 계속 엄마를 졸랐습니다.
"그런데 지수야, 너무 슬퍼하는 모습을 보이면
태표가 더 속상할지 몰라. 그러니까 태표 앞에서는 울면 안 돼."

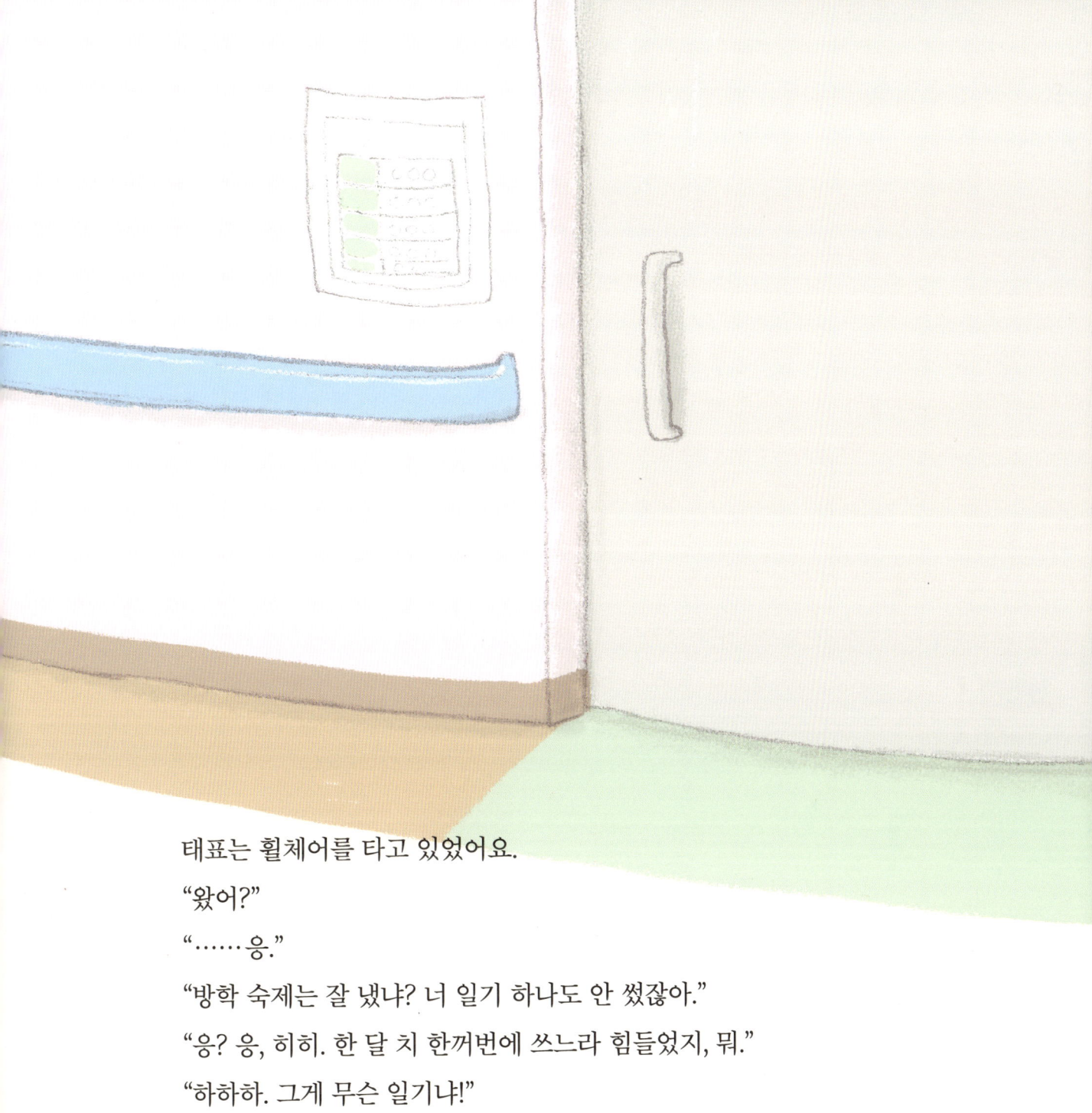

태표는 휠체어를 타고 있었어요.
"왔어?"
"……응."
"방학 숙제는 잘 냈냐? 너 일기 하나도 안 썼잖아."
"응? 응, 히히. 한 달 치 한꺼번에 쓰느라 힘들었지, 뭐."
"하하하. 그게 무슨 일기냐!"

쉴 새 없이 말하는 태표 덕분에 나오려던 눈물이 쏙 들어갔습니다.
한참 떠들고 난 우리는 같이 병원 구석구석을 탐험하기 시작했어요.
노는 데가 달라진 것 말고는 바뀐 게 아무것도 없었어요.

틈날 때마다 나는 휠체어를 타고
함께 갈 수 있는 곳들을 찾아다녔습니다.
곧 퇴원하는 태표를 집에만 있게 둘 순 없었거든요.
어느 날이었습니다.
쾅, 쾅! 퉁, 투둥!
낯선 소리가 들려서 따라가 보니 체육관이 보였어요.
궁금해서 가까이 가 보았습니다.
체육관 안에서 어떤 오빠들이 휠체어에 탄 채 농구를 하고 있었어요.
'그래, 저거야! 농구 하면 태표지! 꼭 데리고 와야겠어!'

퇴원한 태표와 함께 그 체육관을 다시 찾았습니다.
"지수야, 대체 어디까지 가는 거야?"
"이제 다 왔어. 여기야, 여기!"
태표는 아무 말 없이 오빠들이 운동하는 모습을 한참 바라봤어요.
"저게 휠체어 럭비라는 운동이래. 올림픽 종목이라고 하던데?"
"올림픽? 휠체어 럭비? 우와! 정말 멋져!"

그날부터 태표와 난 체육관에 매일 갔습니다.
자나깨나 태표는 휠체어 럭비 생각뿐이었어요.
집에 놀러 가도 휠체어 럭비 영상을 보고 있고,
실내 농구대도 사고, 먹는 것도 바뀔 정도였죠.
"태표야, 너 원래 치킨 닭다리만 먹잖아."
"쩝쩝. 체력을 키우려면 이런 가슴살을 많이 먹어야 된대.
가슴살에 단백질이 많다고."
연습하느라 늘 여기저기 상처가 생겼지만,
태표 얼굴엔 웃음이 떠나질 않았어요.

태표가 내일 드디어 휠체어 럭비 대회에 나갑니다.
성적이 좋으면, 정식 선수가 될 수도 있대요.
"지수야, 고마워. 너 아니었으면 난 이 운동을 알지도 못했을 거야.
나 열심히 해서 국가대표 선수가 꼭 되고 싶어!"
"우와, 국가대표? 멋지다! 난 그럼 너 코치 할래! 히히."

내일 친구들을 잔뜩 모아서 태표를 응원하러 갈 거예요.
사실 태표가 운동을 얼마나 잘하는지는 중요하지 않습니다.
걸을 수 없다는 것도 중요하지 않고요.
태표는 그냥 나의 가장 멋진 친구거든요.

동구 선생님의 꿈

오늘은 병원에 가는 날입니다.
일주일에 한 번은 내가 좋아하는 동구 선생님을 만나요.
치료받는 건 너무 힘들지만 동구 선생님과 함께라면,
그래도 참을 만해요.
나는 걷지 못합니다.
다리뼈와 근육이 너무 약하고 뒤틀려서 그렇대요.

"유진아, 저번보다 많이 좋아졌구나.
거 봐, 선생님이 자꾸 연습하면 좋아질 거라고 했지?"

동구 선생님은 나를 가장 잘 이해해 줘요.
어떨 때는 우리 엄마보다도요.
나처럼 휠체어를 타고 계셔서 그럴지도 몰라요.
"그런데 궁금한 게 있어요, 선생님.
선생님도 저처럼 어렸을 때부터 못 걸으셨어요?"
"아니, 난 어른이 되고 나서 크게 다쳤단다."
"네? 어쩌다가요?"

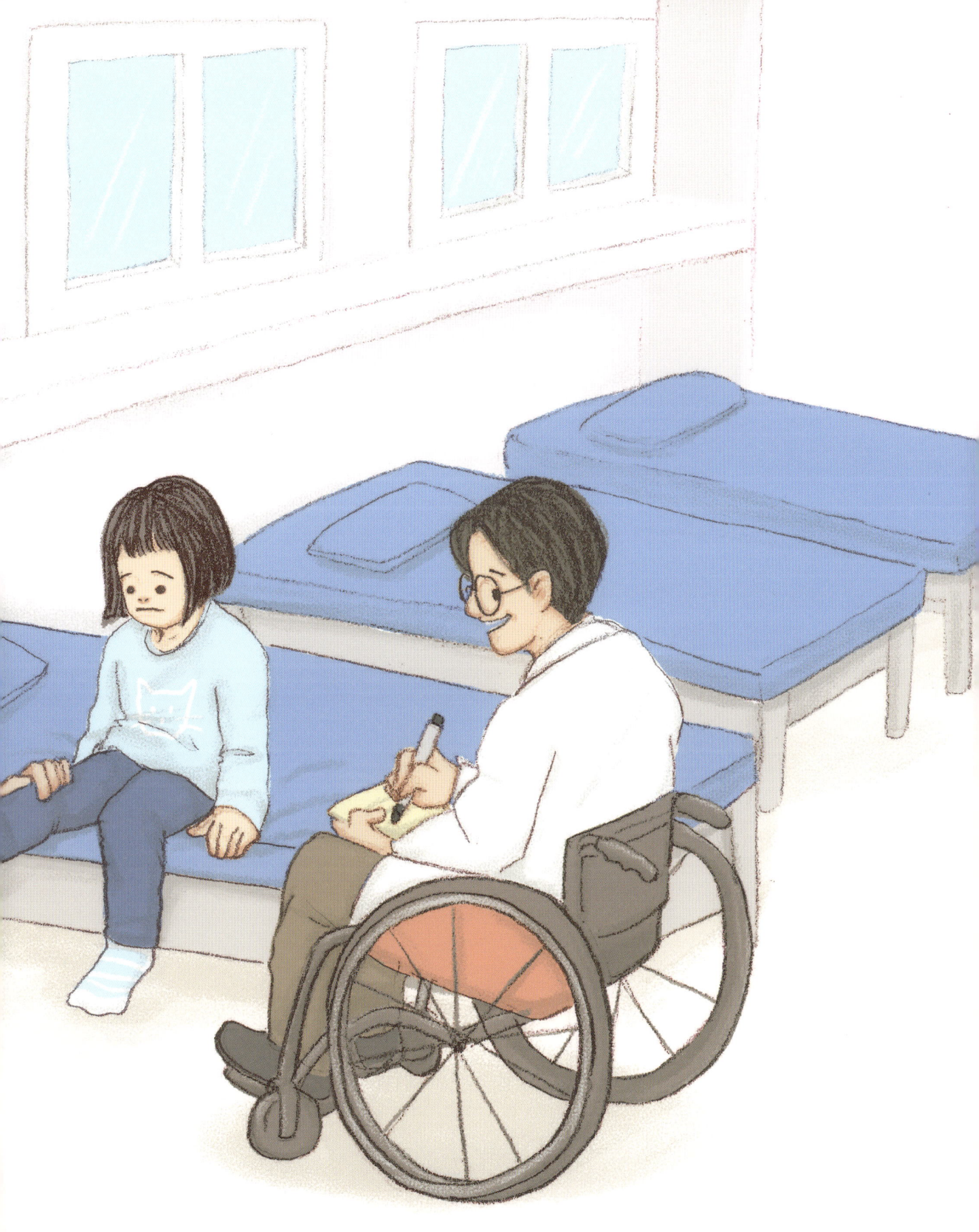

"응급 환자를 수술하고 밤늦게 퇴근하던 길이었어.
집에 가려면 다리를 하나 건너야 하는데
너무 캄캄했고 겨울이라 길도 꽁꽁 얼어 있었지.
'아차!' 하는 순간, 발이 그만 미끄러져서
다리 밑으로 떨어지고 말았어.
그때 신경을 다치면서 팔다리가 모두 불편해졌지.
일하던 병원에서도 나와야 했고."
지금은 재활의학과 의사지만,
동구 선생님은 원래 정형외과 의사였대요.
손이 불편해지면서 수술을 집도해야 하는 정형외과에서는
더 일할 수 없게 됐다고 해요.

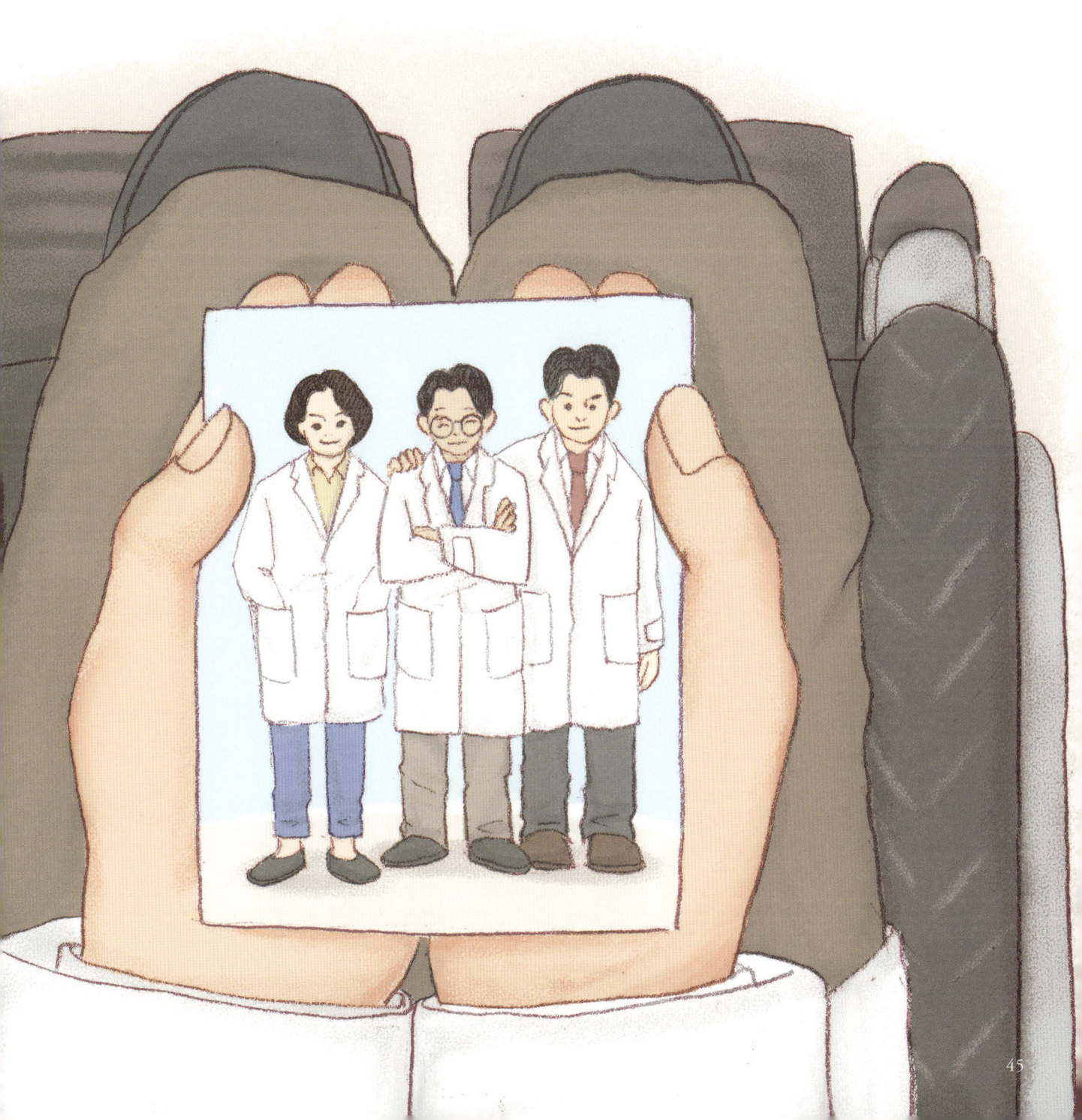

"처음엔 정말 힘들었어. 다 포기하고 싶었지.
그런데 마음을 고쳐먹은 계기가 있단다.
병원에 입원해 있을 때였는데,
한 남자아이가 내 앞을 쏜살같이 달려가는 거야.
바로 내가 다치던 날 밤, 내가 수술했던 아이였어.
그때 생각했단다.

'아, 내 꿈은 의사였지! 정형외과 의사가 아니라
그냥 아픈 사람들을 치료하는 의사!'
어렸을 때부터 의사가 되는 게 내 꿈이었거든.
그래서 내가 할 수 있는 다른 과목에 도전한 거야."

"이제 수술은 못 하게 됐지만, 난 지금이 더 행복하단다.
환자들의 어려움을 더 잘 아니까 해 줄 수 있는 일이 더 많거든.
이렇게 유진이도 만났으니 얼마나 좋아.
세상에는 다양한 의사가 필요해.
나처럼 재활치료를 돕는 의사도 있어야 하고,
사람들의 마음을 살피는 의사도 있어야 하지."

동구 선생님이 해 준 이야기는 일주일 내내 머릿속을 맴돌았습니다.
실은 학교에서 장래희망을 적으라고 할 때마다,
나는 늘 빈칸으로 내곤 했어요.
세상에 내가 할 수 있는 일이 별로 없을 거라고 생각했거든요.
동구 선생님의 이야기를 듣고 나는 그런 생각을 했다는 게
부끄러웠습니다.

"쌤, 나 결심했어요. 쌤 같은 의사가 되기로.
마음이 아픈 사람들도 많잖아요.
나는 정신건강의학과 의사가 될래요."
"그래, 유진이는 다른 사람 이야기를 잘 들어 주니까
정말 잘할 것 같은데? 그런데 의사가 되려면
공부를 정~말 잘해야 한다는 거 알고 있지? 하하."
"앗, 그 얘기를 지금 해 주면 어떡해요, 제일 어려운 건데…….
그럼 어떤 공부를 제일 잘해야 되는데요?
선생님은 몇 살 때부터 의사가 되고 싶었어요?"

"녀석, 오늘도 재활치료 받기 싫구나. 자꾸 질문만 하는 걸 보니."
"앗, 들켜 버렸네. 헤헤."
"나중에 네 환자들에게 얘기해 줘야겠다.
이유진 선생은 치료받기를 엄청 싫어했다고."
"쌤, 안 돼요, 안 돼~!"
"하하하."

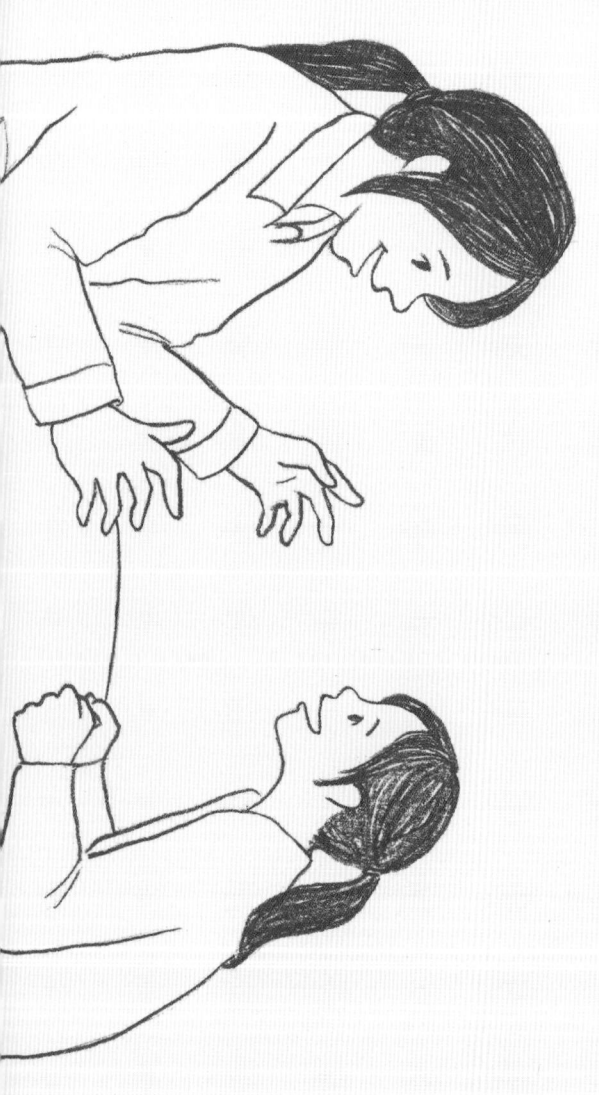

반짝거려요

희지 이모는 나의 가장 좋은 친구예요.
엄마에게 못 하는 이야기도 이모에게는 다 말할 수 있어요.
친구랑 싸웠을 때도, 엄마에게 거짓말을 들켰을 때도요.
나는 이모랑 쇼핑이나 외식하러 나갈 때가 제일 신나요.
"민아야, 내일 학교 끝나고 이모랑 피자 먹으러 갈까?"
"정말? 좋아!"

희지 이모는 얼마 전에 대학을 졸업했어요.
"이모, 그런데 취직 안 할 거야?"
"민아야, 놀라지 마. 나 유학 갈까 해.
사실 다른 일이 하고 싶었거든."
"뭐, 유학? 어디로?"
"응, 호주. 이미 학교도 알아봤어. 호텔 경영을 배우려고."
이모는 수학과 과학을 잘해서 전자공학과에 갔는데,
다른 꿈이 생겼나 봅니다.

이모가 멀리 가는 건 너무 슬펐지만, 난 응원해 주었어요.
꿈을 위해 도전하는 이모가 너무 멋있었거든요.
몇 년간 우리는 영상통화나 메일을 주고받았어요.
사진 속 호주는 정말 아름다웠고 이모도 행복해 보였죠.
"민아야, 이모 졸업식에 엄마랑 같이 올래?
네가 오면 이모는 정말 기쁠 거야."
"정말? 생각만 해도 너무 신나!"
난 이모에게 갈 날만 손꼽아 기다리며
안 하던 영어 공부도 열심히 하기 시작했습니다.

호주로 떠나기 2주 전이었어요.
새벽녘에 전화가 울렸는데,
통화를 마친 엄마 얼굴이 새하얘졌죠.
"민아야, 이모가 많이 아프대. 흑흑."
이모의 병명은 급성 척수염이었어요.
팔, 다리를 갑자기 모두 움직일 수 없게 됐는데,
이유는 알 수 없대요.
나는 너무 놀랐고 또 슬펐습니다.
결국 이모는 졸업식을 앞두고
한국으로 돌아와야 했습니다.

"이모……."
나는 이모를 보고 눈물이 나서 아무 말도 할 수 없었어요.
퇴원 후 집에 돌아온 이모는 아무도 만나지 않고
자기 방에서도 잘 나오질 않았습니다.

엄마는 이모를 위해 매일 이것저것 알아보느라 바빴습니다.
"희지야, 언니랑 한 번만 여기 가 보자."
"싫다니까! 귀찮아."
"딱 한 번만 가 보자. 가 보고 별로면 다시 안 조를게."
이모를 겨우 설득한 엄마는 어떤 모임에 이모를 데려갔어요.
이모와 비슷한 장애를 가진 사람들이 만나는 모임이래요.
그런데 그날 이후 이모가 조금씩 달라졌습니다.
모임에도 계속 나가고,
거기서 알게 된 사람들을 만나러 가기도 했죠.
사회복지사 공부도 시작했습니다.

"민아야, 이모는 처음에 참 화가 났었어.
장애인이 됐을 때 내가 무엇부터 해야 하는지,
뭘 할 수 있는지 알려 주는 사람이 아무도 없더라.
사람들이 나를 낯선 눈으로 쳐다보는 것도,
은근히 거리를 두는 것도 정말 싫었고.
그런데 예전에 나도 그랬더라고.
난 장애인에 대한 사람들의 생각이 달라졌으면 좋겠어.
그런 일을 하는 분들을 만나 보니까, 너무 좋아."

이모는 얼마 후 사회복지사가 됐고,
'장애인식개선 강사'로도 일하기 시작했어요.
강의를 하러 전국을 다니면서도 대학원에 들어가서
인권, 상담을 공부했어요.
지금은 지역장애인 보건의료센터의 사회복지사로 일합니다.
이동이 불편해서 제때 병원에 가기 어려운 분들을 돕고,
필요한 건강 지식을 알려 드리기도 한대요.

"민아야, 그때 말한 그 아저씨 기억나?
스무 살에 장애를 갖게 됐는데 20년 넘게
집에서만 지내셨다는……."
"아, 그때 이모가 휠체어 알아봐 준 아저씨?"
"응, 오늘 그 아저씨 댁에 휠체어 리프트를 설치했어!
이제 정말 편하게 외출하시게 된 거지.
아저씨가 그렇게 환하게 웃는 거 처음 봤어!"

이모의 눈빛이 반짝입니다.
예전에도 이런 눈빛을 본 적이 있어요.
호텔리어가 되기 위해 호주에 간다고 했을 때였죠.

지금 하는 일이 너무나 뿌듯하고 행복하다는 이모가 참 멋집니다.
생각해 보면 희지 이모는 언제나 나의 롤모델이었어요.
이모의 빛나는 눈을 본다면 모두 다 알게 될 거예요.
희지 이모가 정말 자유롭고 멋진 사람이라는 걸요!

주인공들을 소개합니다

아빠가 우리 아빠라서 좋아요

이 글에서 민우의 아빠, 이원준 님은 장애인식개선 교육강사입니다.
장애 때문에 여행하기 힘든 사람들에게 여행 정보를 전하는 여행 리포터이기도 합니다.
이원준 님의 예전 직업은 군인이었습니다.
갑작스런 사고로 신경을 다쳐서 손발을 움직일 수 없는 심한 장애를 갖게 됐습니다.

"처음 장애를 입었을 때에는 군대로 다시 돌아갈 수 없다는 사실이 힘들었습니다.
하지만, 한결같이 저를 사랑해 주는 아이들과 아내를 통해서 다시 희망을 찾게 됐죠.
앞으로 저처럼 심한 장애를 가진 사람들의 어려움을 사회에 알리고,
그분들이 더 나은 삶을 살 수 있도록 세상을 바꿔 가고 싶어요.
우리는 모두 살면서 다양한 한계에 부딪히게 됩니다. 불가능하다는 생각에 사로잡혀
멈춰 있기보다는, 지금 가능한 일부터 차근차근 실천해 나가면 어떨까요?"

우린 언제나 친구야

이 글은 실제 휠체어 럭비 선수인 홍태표 님을 주인공으로 해서 만든 이야기입니다.
선수이면서, 장애인식개선 강사이기도 한 홍태표 님은 학생들이 휠체어 럭비 체험을 통해서
장애에 대해 올바른 생각을 갖도록 돕는 교육을 하고 있습니다.
원래 회사원이었던 홍태표 님은 교통사고로 장애를 갖게 됐습니다.
다친 후에 알게 된 휠체어럭비란 스포츠를 통해 '선수'라는 새로운 직업을 갖게 된 것입니다.

"장애가 있어서 할 수 없는 것도 있지만, 실은 할 수 있는 일이 훨씬 더 많습니다.
공부를 잘해서, 운동을 잘해서, 잘생겨서 또는 예뻐서. 친구가 되는 데 이런 이유가
필요하다면 진짜 우정을 나눌 수 없어요. 정말 좋은 친구라면 있는 그대로 나를 이해해
주어야 합니다. 공부를 잘하든 못하든, 잘생겼든 못생겼든, 장애가 있든 없든
우리는 모두 똑같아요!"

동구 선생님의 꿈

현재 재활의학과 의사인 김동구 님은 장애와 질병으로 움직임이 어려운 환자들을 치료하고 있습니다.
김동구 님은 정형외과 전공의 수련 시절에 사고로 다치면서 정형외과 의사의 길을 접어야 했습니다.
하지만 3년 여간 노력한 끝에 전공을 재활의학과로 바꾸고, 아픈 사람들을 돌보는 삶을 이어 가고 있습니다.
김동구 님은 환자들을 치료하며 얻는 보람과 즐거움 덕에 꿈을 포기하지 않고 계속 노력할 수 있었다고 해요.

"누구나 살면서 크고 작은 어려움을 겪게 됩니다. 너무 힘들다면 잠시 쉬어도 좋아요.
그 잠깐의 쉼이 세상을 보는 다른 눈을 갖게 해 줄 수 있습니다. 엄청나게 힘들었던 일도
지나간 후에 다시 돌이켜 보면 별거 아니었다고 느껴질 때가 옵니다.
무엇보다 그것을 이겨 낸 과정들은 스스로에게 아주 좋은 경험으로 남아 있을 것입니다!"

반짝거려요

'희지 이모'로 이 글에 등장한 김희지 님은 지역장애인 보건의료센터 사회복지사로 일하고 있습니다.
의료기관이나 이동수단 이용이 쉽지 않은 지방에서도 장애인이 건강하게 사회에서 활동할 수 있도록
지원하는 일을 합니다.
전자공학을 전공한 김희지 님은 졸업 후 '호텔리어'의 꿈을 품고 호주로 떠나 호텔 경영을 공부하던 중
급성 횡단성 척수염 진단을 받았습니다. 갑자기 얻게 된 장애에 대해 알기 위해서
스스로 공부를 시작했고 장애인의 권리에 대해 깊은 관심을 갖게 됐다고 합니다.
장애인이 자유롭고 당당히 살아가는 사회를 만들고 싶다는 새로운 꿈을 찾게 된 것이죠.

"사람은 누구나 자신의 능력을 발휘할 수 있고, 자신의 권리를 다른 사람과 똑같이
누리며 살아갈 수 있습니다. 장애가 있더라도 새로운 도전을 겁내지 않을 수 있도록
동등한 기회와 따뜻한 응원이 꼭 필요합니다."

소소한소통

소소한소통은 쉬운 정보(easy-read)를 통해
발달장애인의 소통을 지원하는 사회적기업입니다.

문서, 책, 뉴스, 홍보물 등 일상의 모든 정보들을 쉽게 제작해,
발달장애인은 물론 누구나 어려움 없이 소통할 수 있도록 지원합니다.
더 많은 사람들이 함께 소통할 수 있는 일상을 만들어갑니다.

한국장애인식개선교육센터
Korea Education Center for Disabilities Awareness

한국장애인식개선교육센터는
중증장애인 강사로 구성된 장애인식개선교육 전문기관입니다.

장애인 강사의 인식개선교육을 통해서
장애에 대한 바른 이해를 돕고 있습니다.
장애인을 비롯해 모든 사람들이 편견 없이
함께 어울려 사는 세상이 되길 바랍니다.